COMPRENDRE VOTRE
esprit et votre corps

TDAH

AJ Knight

Explorez d'autres livres sur:
WWW.ENGAGEBOOKS.COM

VANCOUVER, B.C.

TDAH: Comprendre votre esprit et votre corps
Knight, AJ 1995 –
Texte © 2024 Engage Books
Conception © 2024 Engage Books

Édité par: A.R. Roumanis, Melody Sun
et Ashley Lee
Conception par: Mandy Christiansen
Traduire: Amanda Yasvinski
Relectrice: Vicky Frost

Texte en Montserrat Regular.
Titres de chapitre définis dans Hobgoblin.

PREMIÈRE ÉDITION / PREMIER TIRAGE

Ce livre n'est pas destiné à remplacer les conseils d'un professionnel de la santé ou de la psychologie ou à être un outil pour le diagnostic. C'est un outil éducatif pour aider les enfants à comprendre ce qu'eux-même ou d'autres personnes dans leur vie vivent.

CATALOGAGE AVANT PUBLICATION DE BIBLIOTHÈQUE ET ARCHIVES CANADA

Titre: TDAH / AJ Knight.
Autres titres: ADHD. Français
Noms: Knight, AJ, auteur.
Description: Mention de collection: Comprendre votre esprit et votre corps |
Traduction de : ADHD.

Identifiants: Canadiana (livre imprimé) 202305435X | Canadiana (livre numérique) 20230543804 |
ISBN 978-1-77878-360-9 (couverture rigide)
ISBN 978-1-77878-359-3 (couverture souple)
ISBN 978-1-77878-362-3 (pdf)
ISBN 978-1-77878-361-6 (epub)

Vedettes-matière:
RVM: Trouble déficitaire de l'attention—Ouvrages pour la jeunesse.
RVM: Enfants inattentifs—Ouvrages pour la jeunesse.
RVM: Trouble déficitaire de l'attention—Traitement—Ouvrages pour la jeunesse.

Classification: LCC RJ506.H9 K5914 2023 | CDD J618.92/8589—DC23

Ce projet a été rendu possible en partie grâce au gouvernement du Canada.

Canada

Contenu

stupide

mauvais

idiot

Les enfants qui ne sont pas diagnostiqués sont souvent appelés « paresseux » ou « enfants à problèmes ».

Qu'est-ce que le TDAH ?

Le trouble déficitaire de l'attention avec hyperactivité (TDAH) est un trouble qui affecte le comportement des gens. Cela affecte tout le monde différemment. Le TDAH n'est pas une maladie. L'âge moyen auquel les gens reçoivent un **diagnostic** de TDAH est de sept ans.

MOT-CLÉ

Diagnostiquer : savoir si quelqu'un a un problème de santé.

Il existe trois principaux types de TDAH.

1. Le TDAH inattentif est quand quelqu'un a du mal à se concentrer sur quelque chose qui ne l'intéresse pas.

2. Les enfants atteints de TDAH hyperactif-impulsif courent souvent ou grimpent sur des choses alors qu'ils ne sont pas censés le faire.

3. Le TDAH mixte est un mélange de TDAH inattentif et de TDAH hyperactif-impulsif. C'est le type le plus courant.

Qu'est-ce qui cause le TDAH ?

Le TDAH a tendance à être héréditaire. C'est l'une des affections infantiles les plus étudiées, mais personne ne sait ce qui en est la cause. Certaines personnes croient des choses sur ses causes qui ne sont pas vraies. Le TDAH n'est PAS causé par les médicaments, le sucre, les allergies, la télévision ou les mauvais parents.

Plus de personnes reçoivent un diagnostic de TDAH aujourd'hui que par le passé. C'est parce que les médecins voient mieux les signes. Un médecin ou un **psychologue** peut diagnostiquer le TDAH en posant des questions et en faisant des tests.

Psychologue : un professionnel formé qui aide les gens à comprendre et à changer leur comportement.

Les garçons atteints de TDAH sont deux fois plus susceptibles d'être diagnostiqués que les filles atteintes de TDAH.

Comment le TDAH affecte-t-il votre cerveau ?

Le **lobe frontal** est une partie du cerveau qui aide à la mémoire, à la concentration et à l'organisation. Il aide également à contrôler les émotions et à prendre des décisions. Le lobe frontal chez les personnes atteintes de TDAH peut vieillir plus lentement ou être plus petit que celui des autres personnes. Cela signifie que les personnes atteintes de TDAH peuvent avoir du mal à accomplir ces tâches.

Le lobe frontal

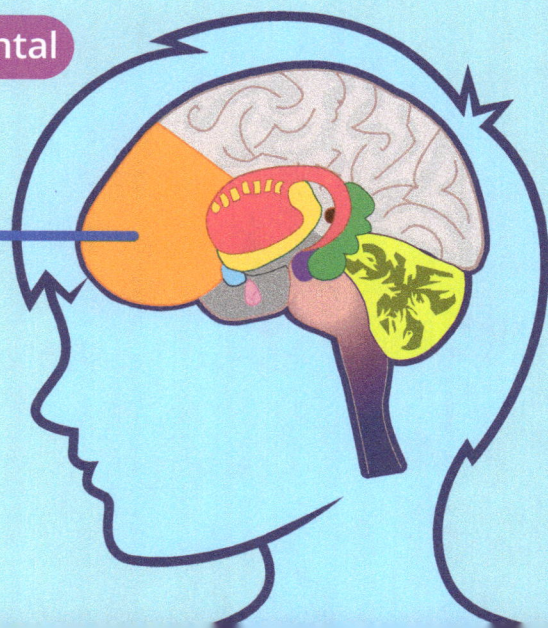

Les personnes atteintes de TDAH peuvent avoir moins de dopamine que les autres. La dopamine est une substance chimique du cerveau qui aide à l'humeur, à la mémoire, à la capacité d'attention et au sommeil d'une personne. Les scientifiques pensent que les cerveaux TDAH pourraient utiliser la dopamine plus rapidement que les cerveaux non TDAH.

La taille du cerveau ne joue aucun rôle dans le degré d'intelligence d'une personne.

Comment le TDAH affecte-t-il votre corps ?

Les personnes atteintes de TDAH ont parfois des problèmes de **motricité**. Elles peuvent avoir une écriture désordonnée parce qu'elles ont du mal à contrôler le stylo. Elles peuvent aussi avoir un mauvais équilibre. Cela signifie que leur corps doit travailler plus fort pour rester debout.

MOT-CLÉ

Motricité : la capacité d'une personne à effectuer des mouvements spécifiques avec son corps.

Un mauvais équilibre peut amener quelqu'un à se heurter à des objets et à se blesser.

De nombreuses personnes atteintes de TDAH ont beaucoup d'énergie. Elles peuvent parler beaucoup, gigoter avec leurs mains ou avoir du mal à rester assis. Cela peut parfois les empêcher de dormir.

Certains médicaments contre le TDAH peuvent également causer des problèmes de sommeil.

Qu'est-ce que le TDAH vous fait ressentir ?

Une personne atteinte de TDAH peut avoir l'impression que ses pensées ne s'arrêtent jamais. Leurs esprits occupés peuvent parfois devenir trop difficiles à gérer pour eux. Si quelqu'un a du mal à se concentrer ou est dérangé par un bruit, il se peut qu'il **s'effondre**.

MOT-CLÉ

Un effondrement : une explosion soudaine de colère, de frustration ou de larmes.

MOT-CLÉ

Le stress : lorsque les gens se sentent mal à l'aise face à quelque chose qui se passe.

Le stimming, c'est quand une personne fait des mouvements ou des sons répétés pour l'aider à contrôler ses émotions. Les personnes atteintes de TDAH peuvent faire du stimming pour de nombreuses raisons. Elles peuvent le faire pour les aider à se concentrer, à lutter contre **le stress** ou parce qu'elles sont heureuses.

Les médicaments stimulants aident à se concentrer et à contrôler les émotions en augmentant la dopamine dans le cerveau.

Le TDAH disparaît-il ?

Les médecins avaient l'habitude de penser que le TDAH n'apparaissait que dans l'enfance. Maintenant, ils savent que le TDAH est pour la vie. Les médecins peuvent suggérer de prendre des médicaments ou de parler à **un conseiller** pour aider les personnes atteintes de TDAH à se sentir plus à l'aise dans le monde.

MOT-CLÉ

Un conseiller : une personne qui donne des conseils aux autres.

Le TDAH ne disparaît pas. Mais les **symptômes** peuvent changer à mesure que les gens vieillissent. Les adultes atteints de TDAH pourraient avoir moins d'énergie. Ils peuvent encore avoir des problèmes à rester organisés ou à rester attentifs.

MOT-CLÉ

Symptômes : quelque chose ressenti dans le corps qui est le signe d'une condition.

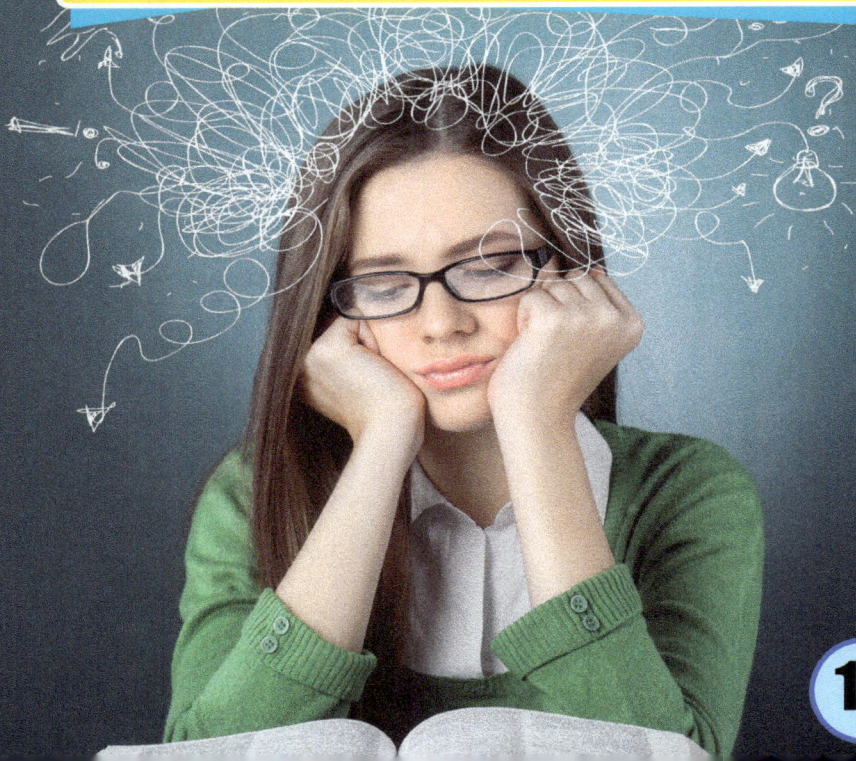

Demander de l'aide

Demander de l'aide peut sembler effrayant. Mais il est important de parler à quelqu'un si vous traversez une période difficile. Trouvez un adulte en qui vous avez confiance pour parler de ce que vous ressentez.

« Je me sens toujours dépassé et je ne sais pas quoi faire. Pouvez-vous m'aider ? »

« Mon ami a le TDAH, et je pense que je pourrais l'avoir aussi. J'oublie souvent une pensée avant de pouvoir la dire. Comment puis-je savoir si j'ai le TDAH ? »

« J'ai du mal à rester assis et à me concentrer à l'école. Je pense que j'aurais peut-être besoin de plus d'aide. »

Comment aider les autres avec le TDAH

Tout le monde a parfois besoin d'aide. Les personnes atteintes de TDAH peuvent avoir besoin de différents types d'aide que les autres personnes. Voici quelques façons d'aider un ami atteint de TDAH.

Être un bon auditeur

Ne forcez jamais quelqu'un à parler de son TDAH. Si quelqu'un choisit de vous en parler, écoutez ce qu'il a à dire.

Les encourager

Célébrez avec votre ami s'il atteint un objectif pour lequel il a travaillé. Ne les blâmez pas d'avoir du mal à accomplir une tâche. Ce n'est jamais utile.

Demandez avec quoi ils ont besoin d'aide

Ce qui aide une personne atteinte de TDAH peut ne pas en aider une autre. Parlez à votre ami et apprenez comment vous pouvez l'aider avec ses besoins spécifiques.

L'histoire du TDAH

En 1902, Sir George Frederic Still a décrit une condition chez les enfants qui était probablement le TDAH. Still a étudié un groupe d'enfants qui avaient du mal à contrôler leur comportement. Ils étaient impulsifs et devenaient facilement frustrés ou dérangés.

En 1937, Charles Bradley a découvert un médicament stimulant qui calmait les enfants ayant des différences de comportement. Il a découvert cela par erreur alors qu'il cherchait un médicament pour soulager les maux de tête. Les travaux de Bradley ont conduit à la découverte d'autres médicaments contre le TDAH environ 25 ans plus tard.

Le Ritalin est un médicament stimulant qui a été découvert en 1944. Il a été utilisé pour la première fois pour le TDAH dans les années 1950 et 1960. C'est l'un des médicaments stimulants les plus couramment utilisés pour le TDAH aujourd'hui.

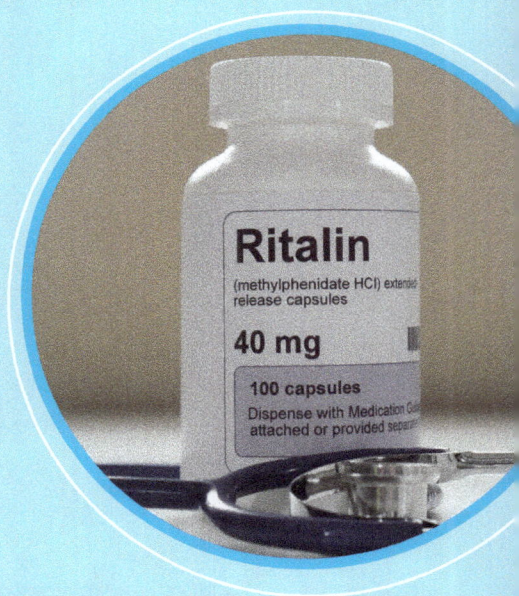

De 1978 à 1980, le TDAH était appelé trouble déficitaire de l'attention (TDA). Le nom a été changé en TDAH en 1987 pour inclure le mot « hyperactivité ». Les trois types de TDAH ont été nommés en 1994.

Les super-héros du TDAH

Tout le monde n'est pas à l'aise de parler de son TDAH. Faites ce qui vous convient le mieux et respectez les choix des autres. Voici quelques super-héros du TDAH qui partagent ouvertement leurs expériences avec le TDAH.

Bex Taylor-Klaus est un acteur atteint de TDAH. Cet acteur a dit que faire de l'acting, c'est guérir. Bex espère que les enfants accepteront qui ils sont et ne feront pas attention à ce que les autres disent.

Dès 2023, la gymnaste **Simone Biles** a remporté 25 médailles aux Championnats du monde et 7 médailles olympiques. Elle a même reçu la médaille présidentielle de la liberté ! Simone a dit que personne ne devrait se sentir mal d'avoir le TDAH ou de prendre des médicaments pour cela.

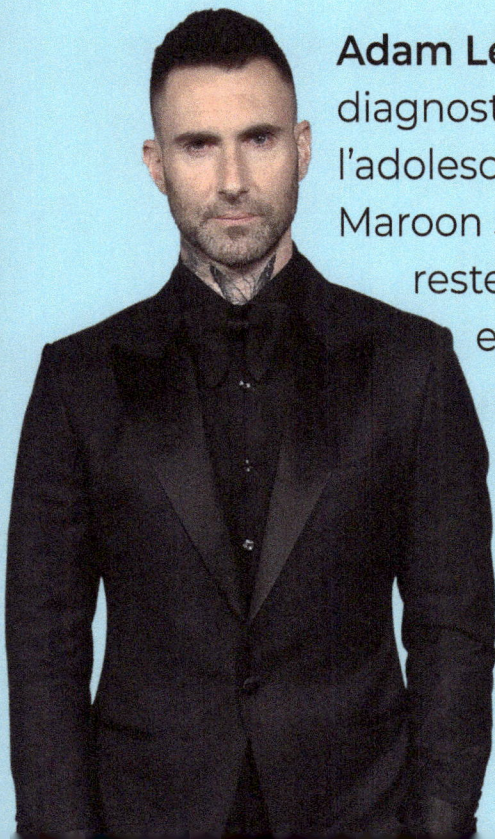

Adam Levine a reçu un diagnostic de TDAH à l'adolescence. Le chanteur de Maroon 5 a parfois du mal à rester attentif lorsqu'il écrit et enregistre. Adam travaille avec un projet appelé « Own It » pour aider les adultes qui ont reçu un diagnostic de TDAH dans leur enfance.

Astuce 1 pour le TDAH : Prendre soin de soi

Soyez patient avec vous-même. Chaque jour avec le TDAH sera différent. Certains jours peuvent être plus faciles et d'autres plus difficiles. Faites attention à ce que vous ressentez et faites des pauses quand vous en avez besoin.

Les jouets de stimming peuvent vous aider lorsque vous avez besoin de vous concentrer ou de vous calmer. Faire une promenade ou faire du sport peut aider lorsque vous ne pouvez pas rester assis. Si vous avez du mal à vous souvenir de manger, réglez une alarme pour vous rappeler quand prendre un repas ou une collation.

Les jouets de stimming peuvent être une boule spongieuse, un« fidget cube », ou même un animal en peluche.

Astuce 2 pour le TDAH : Rendre votre vie conviviale pour le TDAH

Les **routines** sont très utiles pour les personnes atteintes de TDAH. Essayez de vous faire un emploi du temps chaque matin. Ajoutez des récompenses amusantes !

MOT-CLÉ

Routines : faire les mêmes choses à la même heure chaque jour.

Réglez une minuterie lorsque vous faites quelque chose d'ennuyeux. De cette façon, vous savez qu'il y a une fin. Se trouver **un double corporel** peut aussi aider ! Ce n'est pas grave si vous avez une journée où rien n'est fait. Chaque jour est différent.

MOT-CLÉ

Un double corporel : quelqu'un qui vous tient compagnie pendant que vous travaillez.

Astuce 3 pour le TDAH : Se connecter avec les autres

Essayez de trouver d'autres enfants atteints de TDAH à votre école ou dans votre quartier. Vous pourriez même assister à une rencontre en ligne avec un adulte. Cela peut vous aider à vous sentir moins seul.

Construire une communauté peut être utile et amusant. Il y a des personnes atteintes de TDAH qui comprennent ce que vous ressentez. Vous pourriez même apprendre quelque chose de cool sur le TDAH !

Quiz

Testez vos connaissances sur le TDAH en répondant aux questions suivantes. Les questions sont basées sur ce que vous avez lu dans ce livre. Les réponses se trouvent au bas de la page suivante.

1 Le TDAH est-il une maladie ?

2 Nommez un type de TDAH.

3 Comment appelle-t-on une explosion soudaine de colère, de frustration ou de larmes ?

4 Le TDAH disparaît-il ?

5 Quel est l'un des médicaments stimulants les plus couramment utilisés aujourd'hui ?

6 Comment appelle-t-on quelqu'un qui vous tient compagnie pendant que vous travaillez ?

Découvrez d'autres lecteurs de niveau 3.

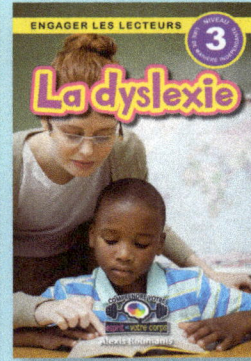

ENGAGER LES LECTEURS · NIVEAU 3 — **L'anxiété** — Melany Son & J Smith

ENGAGER LES LECTEURS · NIVEAU 3 — **L'asthme** — Sarah Harvey

ENGAGER LES LECTEURS · NIVEAU 3 — **L'autisme** — AJ Knight

ENGAGER LES LECTEURS · NIVEAU 3 — **L'image corporelle** — Ashley Lee & J Smith

ENGAGER LES LECTEURS · NIVEAU 3 — **L'obésité** — Kit Caudron-Robinson

ENGAGER LES LECTEURS · NIVEAU 3 — **La dyslexie** — Alexis Lindmann

ENGAGER LES LECTEURS · NIVEAU 3 — **La perte de vision** — Hannalora Leavitt & Sarah Harvey

ENGAGER LES LECTEURS · NIVEAU 3 — **Le diabète** — Kit Caudron-Robinson

ENGAGER LES LECTEURS · NIVEAU 3 — **Perte auditive** — AJ Knight

Visite www.engagebooks.com/readers

Réponses:
1. Non 2. Inattentif, hyperactif-impulsif ou mixte 3. Un effondrement 4. Non 5. Le Ritalin 6. Un double corporel

31